Collection
PROFIL PRATIQUE
dirigée par Georges Décote

Série
PROFIL 100 EXERCICES
sous la direction de Georges Décote
et Adeline Lesot

S'EXPRIMER
AVEC LOGIQUE

- **CONSTRUIRE SES PHRASES**
- **LES LIENS LOGIQUES ET LEUR FONCTION**

100 EXERCICES AVEC CORRIGÉS

ANNE-SIMONE DUFIEF
agrégée de Lettres

Sommaire

Les liens logiques

1. Définition des liens logiques 4
2. Les différents types de liens logiques 6
3. Fonction des liens logiques 8

l'addition

4. Exprimer l'addition 10
5. Exprimer l'addition : *d'ailleurs* et *par ailleurs* 12
6. Exprimer l'addition : *même, et même, voire* 14
7. Exprimer l'addition : *aussi* 16

la progression

8. Établir une progression 18

l'explication

9. Exprimer une explication : *en effet, c'est-à-dire, notamment, par exemple* 20

l'opposition

10. Exprimer l'opposition : *opposition forte, opposition faible* . 22
11. Exprimer l'opposition : *mais* et *or* 24
12. Exprimer l'opposition : les subordonnées ; *alors que* et *tandis que* 26

la concession

13. Exprimer la concession : *bien que, quoique, avoir beau* 28
14. Exprimer la concession : *certes, sans doute, peut-être* 30

la conséquense

15. Exprimer la conséquence : *ainsi, donc, par conséquent, en conséquence, dès lors, de ce fait, c'est pourquoi* 32

© HATIER, PARIS, 1995   ISBN 978-2-218-71092-6

Toute représentation, traduction, adaptation ou reproduction, même partielle, par tous procédés, en tous pays, faite sans autorisation préalable est illicite et exposerait le contrevenant à des poursuites judiciaires. Réf.: *loi du 11 mars 1957, alinéas 2 et 3 de l'article 41.*
Une représentation ou reproduction sans autorisation de l'éditeur ou du Centre Français d'Exploitation du droit de copie (3, rue Hautefeuille, 75006 PARIS) constituerait une contrefaçon sanctionnée par les articles 425 et suivants du Code pénal.

16. Exprimer la conséquence : les subordonnées ; *si bien que, de sorte que, au point que, tant que, tellement que, si... que, un tel... que, tant de... que*.................................. 34

17. Exprimer la conséquence : *assez, trop (de)... pour que* 36

18. Exprimer la conséquence : *ainsi* et *aussi* 38

la cause

19. Exprimer la cause : *à cause de, en raison de, sous l'effet de, par suite de, suite à* 40

20. Exprimer la cause : *grâce à, à cause de, faute de, à force de* 42

21. Exprimer la cause : les subordonnées ; *parce que, étant donné que, puisque, sous prétexte que, vu que* 44

22. Exprimer la cause : *parce que, en effet*............................. 46

23. Distinguer la cause de la conséquence 48

le but

24. Exprimer le but : *pour que, pour, en vue de, de peur de, de crainte de*... 50

25. Exprimer le but : les subordonnées ; *pour que, afin que, de sorte que, de façon que, de peur que, de crainte que*.... 52

la comparaison

26. Exprimer la comparaison 54

27. Exprimer la comparaison : *comparatifs et superlatifs* 56

28. Exprimer la comparaison : *comme*..................................... 58

la condition

29. Exprimer la condition 60

30. Exprimer la condition (1) : *si*... 62

31. Exprimer la condition (2) : *si*... 64

CORRIGÉS DES EXERCICES.. 66

INDEX. 76

1 DÉFINITION DES LIENS LOGIQUES

> Les liens logiques sont les éléments indispensables pour **structurer** une phrase ou un ensemble de phrases. Ils expriment le **rapport** que l'on veut établir **entre des faits ou entre des idées.**
>
> Les liens logiques sont le plus souvent des **mots-outils invariables**. Ils servent à **relier** les propositions entre elles.
>
> — J'ai été malade hier. **Pourtant,** j'ai pu sortir le soir, **parce que** j'allais mieux.

EXERCICES

1 *Souligner les liens logiques dans les phrases suivantes.*

— Il ne peut pas entrer dans l'immeuble **parce qu'**il a oublié le code

1. Tu téléphoneras à ton père pour qu'il ne s'inquiète pas.
2. Les systèmes d'alarme ont fonctionné. Mais personne ne s'en soucie.
3. Ce triangle est équilatéral puisque ses trois côtés sont égaux.
4. Prenez vos affaires avec vous. En effet, vous ne pourrez pas les récupérer ce soir.
5. Les avantages en nature sont très appréciables dans ce poste. Par exemple, on vous fournit une voiture sans limitation de kilométrage.

2 *Même exercice.*

1. L'ordinateur individuel offre de nombreuses possibilités. Vous pourrez d'une part l'utiliser pour votre travail ; il servira d'autre part aux jeux de vos enfants.

2. Votre guérison exige des soins adaptés et un régime strict ; et surtout, elle demande beaucoup de repos.

3. Le dimanche, il allait voir ses enfants, ou bien il les recevait chez lui.

4. Respectez ses arguments, même si vous n'êtes pas d'accord avec lui.

---

3 *Même exercice.*

1. Demain, une perturbation traversera le sud du pays. En revanche, le nord sera bien ensoleillé.

2. Bien que nous n'ayons aucun goût commun, nous sommes amis depuis vingt ans.

3. Si j'avais pu prévoir les ennuis que le voyage me causerait, je me serais abstenu de m'inscrire.

4. Nous n'avons pas pu faire la promenade à cause du mauvais temps.

---

4 *Même exercice.*

1. La police renforcera la surveillance de sorte qu'aucun étranger au stade ne pourra pénétrer sur le court.

2. La commission internationale pour la protection des animaux a interdit de chasser les éléphants ; en effet cette espèce se raréfiait de façon alarmante.

3. Les rivières ont débordé en raison de la fonte des neiges.

4. L'artiste a été victime d'un accident. Cependant, le spectacle continue conformément aux traditions du théâtre.

2 | LES DIFFÉRENTS TYPES DE LIENS LOGIQUES

On distingue **quatre types** de liens logiques :

- **Les conjonctions de coordination** : *mais, ou, et, donc, or, ni, car.*
  — La route est enneigée ; il faudra **donc** mettre les chaînes.

- **Les adverbes** : *d'abord, enfin, pourtant, par conséquent, en effet, au contraire, c'est-à-dire…*
  — On s'agite pour chasser une abeille. Il faut **au contraire** rester très calme.

- **Les prépositions** : *sans, grâce à, excepté, malgré, à cause de, pour…*
  — **Grâce à** ses déductions, Hercule Poirot résout toutes les énigmes.

- **Les conjonctions de subordination** : *parce que, tandis que, puisque, au point que, bien que, de telle sorte que, à condition que…*
  → Elles **relient** une proposition **principale** et une proposition **subordonnée**.
  — Il accepte de nous accompagner, **à condition que** nous soyons prêts dans une heure.

EXERCICES

5 Soulignez les liens logiques et écrivez à droite s'il s'agit : d'une **conjonction de coordination**, d'un **adverbe**, d'une **préposition**, d'une **conjonction de subordination**.

— Il a oublié ses clefs ; il doit **donc** faire appel à un serrurier
  conj. de coordination.

1. Il ne travaille plus dans cette compagnie aérienne parce qu'il a été licencié le mois dernier. ....

2. Malgré sa timidité, le candidat
a bien réagi aux questions
embarrassantes du présentateur. ....

3. Votre coupon de carte orange n'est
plus valable. Par conséquent, vous
êtes passible d'une contravention. ....

4. Vous prétendez diriger ce club. Or
vous n'y mettez jamais les pieds. ....

Même exercice.

1. Faites parvenir votre demande écrite
ou présentez-vous au magasin la
semaine prochaine. ....

2. Il est parti très vite, si bien que je n'ai
pas eu le temps de lui parler de
notre affaire. ....

3. On nous annonçait une réunion
imminente. Or, nous n'avons pas
encore été convoqués. ....

---

7 Même exercice.

1. Sans entraînement, il ne pourra jamais
améliorer ses résultats. ....

2. Ne pas utiliser cet escalier, à moins
d'y être invité par la direction. ....

3. La fréquentation des musées
parisiens, notamment celle du Louvre,
est en hausse constante. ....

3 Fonction des liens logiques

- **L'addition** (voir leçons 4 à 7).
  - *L'hiver a été pluvieux en France ; cela a été le cas **aussi** en Angleterre.*

- **La progression** (voir leçon 8).
  - *Je lui en veux, **d'abord** parce qu'il n'est pas venu ; **ensuite** à cause de son sans-gêne ; **enfin**, parce que j'ai perdu ma journée.*

- **L'explication** (voir leçon 9).
  - *Les hommes sont devenus grégaires, **c'est-à-dire qu**'ils tendent à se regrouper et à suivre les modes.*

- **L'opposition** (voir leçons 10 à 12).
  - *Les précipitations gagneront le sud de la France ; **en revanche**, on s'attend à de belles éclaircies dans le nord.*

- **La concession** (voir leçons 13 et 14).
  - ***Quoique** ce ne soit pas leur objectif principal, les délégués ont tout de même soulevé la question du calendrier.*

- **La conséquence** (voir leçons 15 à 18).
  - *Il a été élu, **si bien qu**'il a maintenant de nombreuses responsabilités.*

- **La cause** (voir leçons 19 à 22).
  - *Son travail est plus important **du fait de** ses nouvelles fonctions.*

- **Le but** (voir leçons 24 et 25).
  - *Je l'ai fait venir **pour que** vous puissiez discuter.*

- **La comparaison** (voir leçons 26 à 28).
  - *Les enfants préparent une surprise. Faites **comme si** vous n'étiez pas au courant.*

- **La condition** (voir leçons 29 à 31).
  - ***Si** les travaux sont terminés, le spectacle aura lieu au Casino.*

EXERCICES

8 *Soulignez les liens logiques et écrivez à droite s'ils expriment : **la cause, l'addition, l'opposition, la conséquence**.*

— Matisse a dû repeindre cette fresque. **En effet,** il s'était trompé de dimensions. ....**cause**...............

1. D'excellents vignobles poussent en Champagne. Pourtant le climat est rigoureux. ....

2. Les transports en commun sont en grève, si bien que la circulation est très perturbée ce soir. ....

3. L'incendie a été maîtrisé rapidement parce que les secours sont arrivés aussitôt. ....

4. On ne comprend pas toujours le conférencier ; il emploie un vocabulaire très technique ; en outre, il parle très vite. ....

9 *Soulignez les liens logiques et écrivez à droite s'ils expriment : **le but, l'explication, la comparaison, la condition**.*

— Prends ta clef, **au cas où** tu rentrerais après 20 heures.. ....**condition**............

1. Certains compositeurs sont des génies précoces. Ainsi Mozart aurait composé un opéra dès l'âge de douze ans. ....

2. Si le temps reste ensoleillé, les vendanges seront belles. ....

3. Je vous préviens à l'avance afin que vous preniez vos dispositions. ....

4. Ce jour-là, la championne courut comme une gazelle devant un public enthousiaste. ....

4 | EXPRIMER L'ADDITION

Pour exprimer **l'addition**, voici une liste de mots qui permettent de relier des phrases en **ajoutant une idée** à la précédente :

- *et, de même, aussi, de plus, également, surtout, de surcroît, en outre, par ailleurs, en plus.*
- *de même que, d'autant plus que, outre que.*

ATTENTION

- **Également** s'emploie rarement en début de phrase, mais généralement **après** un verbe ou un nom.

  — *Christine aime le cinéma ; elle apprécie **également** le théâtre.*

- **Aussi** ne s'emploie pas en début de phrase, mais dans **le cours** de la phrase lorsqu'il exprime l'addition.

  — *Cet architecte a réalisé de grands ensembles ; il a **aussi** construit des bâtiments publics.*

- **Surtout** indique, dans une somme d'éléments, celui qui est le **plus important**. Il est parfois précédé de **et**.

  — *Ce travail est intéressant, il est proche de mon domicile, (et) **surtout** il est bien payé.*

===== EXERCICES =====

10 *Remplacez les pointillés par le ou les mots exprimant l'addition, que vous choisirez dans la liste suivante :*
également, malgré, et aussi, de plus, car, surtout, au contraire, de surcroît.

— *Il a acheté des fruits, il a **également** acheté du fromage.*

1. Vous devez remplir ce formulaire, joindre un C.V.
.... vous fournirez deux photos récentes.

2. Pour t'inscrire, prends ta convocation, deux photos, ...n'oublie pas la photocopie certifiée conforme du diplôme du bac !

3. Jacques a de nombreux talents : il est acteur, il est ....metteur en scène.

4. Paul est sympathique et travailleur, il est .... très courtois, ce qui ne gâte rien.

---

11 *Même exercice.*

1. Il apprécie la bonne cuisine, il aime .... le bon vin.

2. Rien ne m'attire dans cette ville : elle est triste, il y a peu de magasins, de cinémas ; .... elle est située dans une région dont je n'apprécie pas le climat.

3. Ce film m'a beaucoup plu : j'ai aimé la musique, les images, le jeu des acteurs et.............................. le scénario, original et excellent.

4. Il acceptera sûrement ce travail : il correspond à sa formation,............................... il est proche de son quartier.

---

12 *Remplacez **et** par un autre mot de liaison qui exprime l'addition.*

Les touristes se plaisent dans cette petite station et ils vantent son charme et son caractère pittoresque. **(Et)** .... ils apprécient sa tranquillité et son climat doux et ensoleillé. Les Allemands y viennent nombreux. **(Et)** .... les Anglais sont des vacanciers fidèles. **(Et)**............................... comme l'été a été pluvieux au Pays-Bas, les Hollandais ont adopté à leur tour cette région. **(Et)** .... il faut ajouter les estivants venus de Paris.

11

5 | EXPRIMER L'ADDITION : D'AILLEURS ET PAR AILLEURS

Ne confondez pas **d'ailleurs** et **par ailleurs**.

- **D'ailleurs** apporte une précision qui renforce ou confirme l'énoncé principal. Il introduit **une preuve** ou **une explication**.
  — *Cette question préoccupe tous les Français. Elle a **d'ailleurs** fait l'objet de nombreux sondages.*

- **Par ailleurs** signifie : *d'un autre côté, d'autre part, à un autre point de vue*. Il peut indiquer une opposition.
  — *Votre travail est très rigoureux même si **par ailleurs** il est critiquable.*

EXERCICES

13 *Remplacez les pointillés par **d'ailleurs** ou par **par ailleurs**.*

— *Je comprends ma sœur, bien sûr ; **par ailleurs** mon beau-frère n'a pas tout à fait tort. (**Valeur d'opposition**).*

1. Les jeux de hasard ne donnent pas le bon exemple, certains y consacrent des sommes déraisonnables ; .... en France ils sont sévèrement réglementés.

2. Victor Hugo était un écrivain complet : un poète, un romancier et un dramaturge ; .... il se montra un excellent grand-père.

3. Les enfants sont très sensibles à la publicité ; .... ses acteurs sont souvent des enfants.

4. Les réservations seront faites par courrier. ....vous voudrez bien confirmer votre heure d'arrivée par téléphone.

14 *Même exercice.*

1. L'inculpé ne peut avoir été présent sur les lieux à 18h30 : il affirme avoir assisté à un colloque à cette heure-là. Le fait est .... confirmé par de nombreux témoins.

2. Je serais très gênée de lui demander ce service. .... il n'est pas en mesure de me le rendre.

3. Certains métiers ont une image socialement négative : éboueur, garçon de ferme, manœuvre. Ils sont .... moins rétribués que les autres.

15 *Même exercice.*

1. Ton absence à cette manifestation est passée totalement inaperçue. Il y avait tant de monde qu'il ne pouvait .... pas en être autrement.

2. La position des hommes politiques vis-à-vis de la crise est complexe. Les arguments des économistes semblent très logiques. .... les revendications des syndicats sont également très convaincantes.

16 *Même exercice.*

1. Cette méthode, inefficace dans ce cas précis, pourra être utile ....

2. Je ne lui ai pas demandé de m'aider. .... il aurait refusé.

3. En raison du mauvais temps, les compétitions de saut sont annulées. .... il est rappelé que le ski hors piste est strictement interdit.

6 | EXPRIMER L'ADDITION : MÊME, ET MÊME, VOIRE

Même marque l'extension, la gradation.

— *Ces mesures sont pour tout le monde, **même** pour les officiers.*

→ Employé dans ce sens, **même** est un **adverbe,** donc **invariable**.

Et même, indique un **renforcement** qui sert à augmenter d'un degré dans la gradation.

— *Il est malade, **et même** gravement.*

Voire est synonyme de **et même**. Jamais employé en début de phrase, il **n'est pas suivi** d'un verbe conjugué **ni précédé** de et ni de ou. Son emploi est littéraire.

— *Il faudra des mois, **voire** des années.*

→ **Voire même** est à éviter, les deux mots faisant **double emploi**.

EXERCICES

1.7 *Remplacez les pointillés par **même** ou **et même** ou **voire**.*

— *Ces imitations sont très bonnes :* **même** *les experts se sont trompés.*

1. Le PDG de la société a voulu voir tout le monde : les directeurs, les adjoints, les contremaîtres, ... les ouvriers.

2. Les entreprises compétitives doivent avoir des succursales dans plusieurs pays,............................. dans des continents différents.

3. Il l'a encouragé et............................. aidé financièrement.

18 Même exercice.

1. La France, l'Italie, l'Allemagne, ... des états qui n'appartiennent pas à l'Union Européenne, ont adopté cette mesure.
2. Je lis volontiers ce journal : les articles sont tous très soignés, ...les rubriques de faits divers sont d'un bon niveau.
3. Le chômage atteint toutes les couches sociales : les ouvriers, les cadres commerciaux, ... les ingénieurs sont touchés.

19 Même exercice.

1. À votre âge, vous pouvez vous permettre de porter des costumes moins sévères, ... des cravates fantaisie.
2. Il avait beaucoup d'amis dans les milieux de l'édition et .... dans les médias.
3. C'est à huit ou .... neuf kilomètres d'ici.

20 Même exercice.

1. D'autres, aussi intelligents, ...plus habiles, n'auraient pas su résoudre cette énigme.
2. Il faudra reconsidérer ou interrompre, ...arrêter définitivement, les travaux de l'autoroute.
3. Toute ma famille était là ; ....mon oncle d'Amérique avait fait le voyage pour l'occasion.

7 | EXPRIMER L'ADDITION : AUSSI

Aussi marque **l'addition** quand il signifie : *pareillement, de même, également*. Dans ce sens on ne doit pas l'employer en début de phrase.

— *Vous voulez que cette affaire se règle ? Moi **aussi**.*

- **Aussi** devient **non plus** dans une phrase de type **négatif**.

— *Vous ne souhaitez pas un tel dénouement ? Moi **non plus**.*

ATTENTION

Aussi marque la **conséquence** lorsqu'il signifie : *donc, c'est pourquoi*. Dans ce sens il est employé en tête de la proposition. Après **aussi** on doit, dans ce cas :

- **Ou inverser le sujet** si c'est un pronom :

— *La nuit tombe vite ; aussi **doit-on** allumer très tôt les lumières.*

- **Ou répéter le sujet** sous la forme d'un pronom personnel :

— *Il a beaucoup plu cet hiver, aussi les rivières **ont-elles** débordé.*

EXERCICES

2.1 *Indiquez si **aussi** marque l'**addition** ou la **conséquence**.*

— *Il fait froid, **aussi** les locataires ont-ils réclamé la mise en marche du chauffage central.* ....***conséquence***..........

1. En raison des grèves les trains ont eu du retard : le trafic du métro a **aussi** été perturbé. ....

2. Les négociations ne sont pas terminées; **aussi** n'y a-t-il eu aucun communiqué officiel. ....

3. Les pluies diluviennes ont causé des inondations ; la fonte des neiges a *aussi* contribué à la montée du niveau des rivières. ....

4. Pierre n'a pas téléphoné ; *aussi* n'y a-t-il aucune urgence à partir. ....

5. Le malade n'est pas encore sorti d'affaire ; *aussi* faut-il surveiller attentivement son électro-cardiogramme. ....

6. Ses amis, mais *aussi* sa famille, ont été très surpris de sa décision que rien ne laissait prévoir. ....

---

22 *Exprimez une relation de conséquence entre les deux phrases en les reliant par* ***aussi***.
Faites les inversions nécessaires.

— *Mon train est arrivé en retard ; j'ai manqué la correspondance.* → **aussi ai-je** *manqué la correspondance.*

1. Ton code avait changé. Nous sommes restés à la porte.
   → ***Aussi***..............................
2. Ces produits ont beaucoup augmenté. Les consommateurs les ont boudés.
   → ***Aussi***..............................
3. Le poste que vous proposez est très intéressant. Vous avez reçu beaucoup de réponses à votre annonce.
   →***Aussi***..............................
4. Sa mission est très délicate. Il ne faut pas s'attendre à un résultat positif.
   →***Aussi***..............................
5. Rien ne laissait présager cette catastrophe. On ne doit pas le blâmer de ne pas l'avoir prévue.
   →***Aussi***..............................

8 | ÉTABLIR UNE PROGRESSION

Pour exprimer **la progression** dans une énumération d'actions ou d'idées, on peut utiliser les **mots-outils** suivants pour établir une **gradation croissante** :

- **Tout d'abord** : il introduit la **première** action ou le **premier** argument.
  → Autres mots de **même sens** : *premièrement, en premier lieu, avant tout, d'abord.*

- **Ensuite** : il vient **après** et peut être répété.
  → Autres mots de **même sens** : *par ailleurs, en second lieu, de plus, puis.*

- **Enfin** : il clôt l'énumération.
  → Autres mots de **même sens** : *en dernier lieu, pour conclure.*

— *Les reproches que l'on peut faire au bizutage sont nombreux. **Tout d'abord**, par le bizutage, la communauté scolaire se constitue en une caste qui accepte ou exclut des nouveaux. **Ensuite**, les humiliations infligées sont absurdes. **Enfin** le bizutage devient une tradition tellement établie qu'elle est difficile à faire disparaître.*

EXERCICES

Numérotez à droite les propositions **(1. 2. 3)** selon la gradation croissante appropriée, puis écrivez en face le mot-outil correspondant.

— La relance de la presse écrite passe par les deux extrémités de la chaîne :

- le goût de la lecture qu'il faut donner dès l'école. ....**(2) enfin**......
- l'amélioration de la distribution ..**(1) tout d'abord**..

→ Cette disposition suppose que **2** est l'argument le plus important.

1. On peut apporter plusieurs arguments en faveur de l'apprentissage précoce d'une langue étrangère:
   - les enfants ne sont pas timides et prononcent sans complexe des mots étrangers ....
   - La mémoire est totalement disponible ....
   - La curiosité est très vive ....

2. - Le chien se mit à le lécher en jappant doucement ....
   - Le chien s'approcha silencieusement. ....
   - Le chien flaira l'homme étendu à terre ....

3. - Des retardataires se faufilèrent dans le noir ....
   - Le rideau se leva sur le décor brillamment éclairé du premier acte ....
   - Les musiciens attaquèrent l'ouverture ....

---

24 *Écrivez **oui**, à droite, si la gradation est correcte. Dans le cas contraire, **renumérotez** les propositions et écrivez les mots-outils correspondants.*

—— (1) Tout d'abord il déboucha la bouteille .....**(2) ensuite**.....
(2) puis il prit une bière dans le réfrigérateur .**(1) tout d'abord**.
(3) enfin il but à même la bouteille tellement il avait soif. ....**(3) oui**........

1. (1) Tout d'abord l'homme franchit la barrière du métro, ...
   (2) ensuite il inséra son ticket dans le composteur, ...
   (3) enfin il se dirigea dans la direction du pont de Sèvres. ....

2. On peut classer les villes de différentes manières :
   (1) par la taille tout d'abord, ...
   (2) puis par la diversité des activités économiques, ...
   (3) et enfin selon la population. ....

9 | EXPRIMER UNE EXPLICATION : EN EFFET, C'EST-À-DIRE, NOTAMMENT, PAR EXEMPLE

> **En effet** apporte une **preuve**. Il exprime la cause (voir leçon 22) et peut être remplacé par **car**.
> — *Il n'est pas venu avec nous ; **en effet**, il est encore souffrant.*
> → **En effet** est placé en tête d'une proposition séparée de la précédente par un (**;**) ou un (**.**).
>
> **C'est-à-dire** apporte une **explication**.
> — *Conservez ce produit à la bonne température, **c'est-à-dire** environ à 15°.*
>
> **Notamment** sert à attirer l'attention sur **un élément** qui fait partie d'un ensemble.
> — *Les jeunes, **notamment** les étudiants, se rendent plus souvent à l'étranger que ne le faisaient leurs parents.*
>
> **Par exemple** précise et illustre au moyen **d'un exemple** ce qui vient d'être dit.
> — *Pendant l'orage on recommande de prendre certaines précautions, **par exemple** de débrancher la télévision.*

EXERCICES

25 *Remplacez les pointillés par le mot qui convient.*
— *Ce modèle est équipé de toutes les options, **notamment** le toit ouvrant.*

1. Madame Dupont, ... la propre belle-sœur de l'accusé, a témoigné contre lui à l'audience !

2. Les élèves concernés,.............................. les demi-pensionnaires et les internes, doivent rapporter cette autorisation avant les vacances de Pâques.

3. Après la deuxième guerre mondiale, on décida de nationaliser certaines entreprises, ...les chemins de fer.

4. Il ne pouvait pas t'attendre à huit heures ; ....à cette heure-là il était encore chez moi.

5. Les films étrangers,.............................. américains, bénéficient d'une large audience en France.

6. Arrosez vos plantes vertes régulièrement, ... trois fois par semaine.

---

26 Écrivez **oui** si le mot explicatif souligné est correct. Dans le cas contraire, remplacez-le par celui qui convient.

— Ses amis, **c'est-à-dire** Paul, champion de France junior, sont tous d'excellents nageurs → **notamment** s'impose pour insister sur un élément.

1. Les grandes surfaces, **c'est-à-dire** Auchan, consentent d'importants rabais sur certains articles en promotion. ....

2. La télévision, **c'est-à-dire** le plus populaire des médias, possède une influence réelle sur les Français. ....

3. Les personnes âgées doivent être attentives à leur santé : **en effet** il est prudent qu'elles se fassent vacciner contre la grippe. ....

4. Toutes les mégalopoles, **par exemple** les cités de plus de trois millions d'habitants, connaissent des problèmes analogues. ....

5. Les problèmes de pollution, **par exemple** maritimes, sont si spectaculaires qu'ils suscitent des réactions même chez des personnes peu soucieuses d'écologie. ....

10. EXPRIMER L'OPPOSITION : OPPOSITION FORTE ET OPPOSITION FAIBLE

Opposition forte : *mais, en revanche, au contraire, à l'inverse, par contre* ; et aussi : *au contraire de, à l'inverse de*.

— *La chaîne de télévision France 2 est publique ; **au contraire**, TF1 est privée.*

Opposition faible : *pourtant, cependant, néanmoins, toutefois, or*.
→ Toujours placé en **tête** de phrase.

Et aussi : *malgré, en dépit de, mis à part, excepté*.

— *Il a repris son entraînement **malgré** son accident.*

EXERCICES

27 *Reliez les deux propositions en remplaçant les pointillés par le mot-outil qui vous paraît le plus approprié.*

— *Il fait gris, il ne fait **pourtant** pas froid.*

1. Le bébé mange peu, il grandit .... normalement.

2. Il est tôt .... les enfants ont déjà faim.

3. En théorie les femmes sont les égales des hommes. .... dans les faits, elles ne le sont pas.

4. Ils n'ont pas du tout le même caractère. .... ils s'entendent bien.

5. Grandet est avare, ... il est compétent pour faire des placements.

Même exercice.

1. Ce modèle est coûteux, la garantie .... est plus intéressante.
2. La location de cette voiture coûte plus cher, le kilométrage est .... illimité.
3. Le temps n'a pas été beau, nous nous sommes .... bien amusés.
4. Les publicités pour les lessives sont différentes ; .... elles sont fabriquées par les mêmes usines.
5. Le cinéma américain est destiné au grand public ; .... le cinéma français se veut plus intimiste.

Reliez les deux propositions en utilisant un complément circonstanciel d'opposition.

— Il neige, Pierre est sorti.
  → **Malgré** la neige, Pierre est sorti.

1. La météo a lancé un avis de grand vent, les voiliers sont sortis → ....
2. Il est malade, il reste de bonne humeur.
   → ....
3. Vous avez un grand courage, vous ne pouvez intervenir.
   → ....
4. Paul aime les escargots, je n'aime pas les escargots.
   → ....
5. Ces attentions sont naïves, elles attendrissent.
   → ....

11 | EXPRIMER L'OPPOSITION : MAIS ET OR

Or ne s'emploie qu'en **tête** de phrase. **Mais** peut opposer deux noms ou deux adjectifs à **l'intérieur** d'une phrase.

- **Mais** exprime toujours une **opposition**.
  — *Il était fatigué **mais** il accepta d'aller au cinéma pour faire plaisir à sa femme.*

- **Or** sert à introduire un argument **contraire** ou une **objection** à l'intérieur d'un raisonnement.
  → On trouve généralement **donc** dans la proposition qui suit.
  — *Il était fatigué et serait bien resté chez lui. **Or**, sa femme souhaitait aller au cinéma ; il accepta **donc** de l'accompagner.*

Or peut également souligner :

- **Une étape d'un raisonnement.**
  — *Les meilleurs fraises viennent de Bretagne ; **or** celles-ci en viennent, elles sont donc excellentes.*

- **Une étape dans un récit.**
  — ***Or**, un dimanche, en faisant sa promenade habituelle, Monsieur Dubois fut le témoin d'un spectacle étonnant.*

═══════════ EXERCICES ═══════════

30 *Écrivez à droite si **or** a la valeur d'une **objection**, d'une **étape du raisonnement** ou **du récit**.*

— *Le consommateur se méfie de la publicité. **Or**, il n'a souvent aucun moyen de se renseigner sur la qualité des produits ; il se fie donc au bouche à oreille.* → **Objection**

1. *Or*, il advint que le roi chercha à marier sa fille. ....

2. Tous les hommes sont mortels, *or* Socrate est un homme donc Socrate est mortel. ....

3. Tu veux t'acheter une nouvelle voiture, *or,* tu n'as même pas fini de payer la tienne ! ....

31 *Même exercice.*

1. Sa machine est en panne, *or* le réparateur est absent pour le week-end, il ne pourra donc la lui porter que mardi prochain. ....

2. *Or,* un beau matin, il décida de se rendre au bureau en traversant le bois. ....

3. Ma mère est très sévère. *Or,* je travaille peu et elle me gronde souvent. ....

4. Je voudrais acheter une guitare électrique, *or* mes parents détestent cet instrument. ....

32 *Remplacez les pointillés par **mais** ou **or**.*

— *Les nouveaux tableaux ne sont plus noirs **mais** blancs.*

1. Il voulait aller visiter cette exposition. .... la file d'attente était très longue, il a donc renoncé.

2. Le concours d'architecture a lieu prochainement. .... il a soumis un projet audacieux. Je doute qu'il soit retenu.

3. Tous les enfants sont en vacances cette semaine. .... Paul est en quatrième ; il n'ira donc pas à l'école.

4. Il n'achète pas de jeux électroniques .... des cassettes vidéos.

5. L'autobus est en grève .... le R.E.R. fonctionne.

12 | EXPRIMER L'OPPOSITION : LES SUBORDONNÉES

Dans les propositions subordonnées, **l'opposition** est exprimée par les conjonctions de subordination **alors que, tandis que**.

Alors qu'il devait se poser à Orly, l'avion a dû atterrir à l'aéroport de Roissy.

→ Ces conjonctions sont suivies d'un verbe à **l'indicatif**.

ATTENTION

• *Alors que* et *tandis que* servent aussi à exprimer **le temps**.

Il est parfois difficile de distinguer les deux fonctions.

Tu dors alors que je vais me promener.

EXERCICES

33 *Écrivez à droite si **alors que** exprime **l'opposition** ou le **temps**. Écrivez **temps/opposition** lorsque les deux fonctions sont associées.*

1. **Alors que** tous les enfants ont pu partir en vacances, Henri a dû rester chez lui. ....

2. Henri était chez lui **alors que** tous ses amis étaient en vacances. ....

3. Les requins sont des poissons **alors que** les baleines sont des mammifères. ....

4. Les installations ne sont pas encore terminées **alors que** le tournoi commence dans trois jours. ....

5. Pourquoi ne pas répondre **alors que** vous connaissez très bien le sujet ? ....

6. **Alors que** nous entrions sous le tunnel, nos phares se sont éteints. ....

34 Même exercice avec **tandis que**.

1. L'aîné joue au tennis **tandis que** le cadet fait de l'escrime. ....
2. L'aîné joue au tennis **tandis que** le cadet préfère l'escrime. ....
3. L'orage les a surpris **tandis qu'**ils escaladaient la face nord de la paroi. ....
4. «Course» est un nom **tandis que** « courir » est un verbe. ....

35 Même exercice.

1. Tu lis le journal **tandis que** je regarde la télévision. ....
2. Tu lis le journal **tandis que** moi, je ne lis jamais. ....
3. Le magasin reste ouvert **tandis qu'**on effectue les travaux. ....
4. Le magasin du centre ville est fermé pour travaux **tandis que** celui du boulevard est ouvert normalement. ....

36 Remplacez la conjonction de coordination **mais** par une conjonction de subordination exprimant l'opposition.

1. Le dromadaire a une bosse, **mais** le chameau en a deux. ....
2. Vous prendrez la route **mais** nous, nous partirons par le chemin des Douaniers. ....
3. Les arbres fruitiers ont souffert de la grêle **mais** la vigne a été épargnée. ....
4. L'Autriche est entrée dans l'Union Européenne **mais** la Suisse n'en fait pas partie. ....

13. EXPRIMER LA CONCESSION : BIEN QUE, QUOIQUE, AVOIR BEAU

La concession est une opposition faible.

- Dans les propositions subordonnées, **la concession** peut être exprimée par les conjonctions de subordination **bien que** ou **quoique**.

   — ***Bien qu'***il fasse froid, l'épreuve du marathon a été maintenue.
   → Ces conjonctions sont suivies d'un verbe au **subjonctif**.

- **Avoir beau,** suivi de **l'infinitif**, peut aussi exprimer la concession.

   — ***J'ai beau*** regarder par la fenêtre, je ne vois pas ta voiture.
   — ***J'ai eu beau*** regarder partout, je n'ai pas retrouvé ce papier.

EXERCICES

37 *Exprimez le rapport de concession en employant une subordonnée introduite par **bien que** ou **quoique**. Veillez à utiliser le subjonctif.*

— *Il est intelligent, pourtant il ne réussit pas.*
   → **Bien qu'il soit** *intelligent, il ne réussit pas.*

1. Il est au courant mais il fait comme s'il ne savait rien.

   → ....
   ....

2. Son équipement est très perfectionné, ses performances ne sont pas bonnes.

   → ....
   ....

38 *Même exercice.*

1. Cette bière ne vaut que dix francs, elle est pourtant excellente.

→ ....

2. Le programme est très chargé, le professeur doit pourtant l'avoir terminé pour l'examen.

→ ....

3. Cet enfant comprend très lentement, il est cependant capable de poursuivre des études.

→ ....

39 *Remplacez la subordonnée de concession par **avoir beau** ou **avoir eu beau.***

── *Bien qu'il soit très tard, ce kiosque est encore ouvert.*
→ *Il **a beau** être très tard, ce kiosque est encore ouvert.*

1. Quoique tu aies mauvais caractère, nous t'aimons bien.

→ ....

2. Bien qu'il parle anglais couramment, il a eu du mal à s'adapter à la vie londonienne.

→ ....

3. Bien que leur appartement soit petit, ils n'envisagent pas de déménager.

→ ....

4. Quoique le pays organisateur des Jeux ait fait de grands efforts, certains ne se sont pas privés de le critiquer.

→ ....

14 | EXPRIMER LA CONCESSION : CERTES, SANS DOUTE, PEUT-ÊTRE

Certes, sans doute, peut-être permettent, dans une argumentation, d'introduire une **concession** à la thèse adverse. La plupart du temps ces adverbes sont en relation avec un terme d'opposition placé plus loin dans la phrase : **mais** (opposition forte), **pourtant** (opposition faible), etc.

— *Certes, tu as beaucoup travaillé ce trimestre, mais tes résultats sont encore insuffisants pour que tu passes dans la classe supérieure.*

→ Après **sans doute** et **peut-être** placés en début de phrase, **l'inversion** de **ce,** de **on** et du **pronom personnel sujet** est recommandée (mais non obligatoire).

— *Sans doute est-on allé trop loin.*
Peut-être a-t-il eu peur.

EXERCICES

40 *Remplacez bien que par la structure certes ...... mais, (ou pourtant) et modifiez le verbe comme il convient.*

— *Bien qu'il fasse froid, les enfants sont sortis avec plaisir.*
  → **Certes** *il fait froid,* **pourtant** *les enfants sont sortis avec plaisir.*

1. Bien qu'il soit exigeant, on l'aime bien.

   Certes..

   ....

2. Bien qu'il y ait des barrages avant Paris, la Seine a débordé.

   Certes..

   ....

3. Bien que ce soit encore l'hiver, les arbres sont déjà en fleurs.

Certes..

....

4. Bien que les pêcheurs soient en grève, il y a du poisson au marché.

Certes..

....

5. Bien que le cinéma français soit excellent, les spectateurs préfèrent les feuilletons américains.

Certes..

....

---

41 *Même exercice de transformation. Écrivez **non** lorsque la transformation n'est pas possible.*

1. Tandis que ma mère fait le repas, mon père regarde les informations.

→ ....

2. Quoiqu'il ait de l'argent, il vit modestement.

→ ....

3. Bien que la crise économique sévisse, certains commerces prospèrent.

→ ....

---

42 *Employez **sans doute** ou **peut-être**, à votre choix. Faites les inversions.*

1. Vous visiterez l'exposition.

→ ....

2. On devra revoir le contrat.

→ ....

3. Il a cherché à vous prévenir.

→ ....

15 | EXPRIMER LA CONSÉQUENCE : AINSI, DONC, PAR CONSÉQUENT, EN CONSÉQUENCE, DÈS LORS, DE CE FAIT, C'EST POURQUOI

> On peut exprimer **une relation de conséquence** à l'aide de : *ainsi, donc, par conséquent, en conséquence, dès lors, d'où, de ce fait, c'est pourquoi*.
>
> — *Il a mal fait son travail ; **par conséquent**, il viendra le refaire dimanche prochain.*
>
> • **Donc**, par souci d'élégance, est rarement employé en début de phrase.
>
> — *Il est absent aujourd'hui ; nous nous verrons **donc** demain.*
>
> • **D'où**, sert à introduire un **nom**.
>
> — *J'ai rencontré Paul hier alors que je le croyais à l'étranger, **d'où** ma surprise.*

EXERCICES

43 *Remplacez les pointillés par le mot qui convient le mieux : **donc, par conséquent, d'où, dès lors**.*

— *Je serai absent à cette date, je ne pourrai* **donc** *me rendre à votre invitation.*

1. Il ne s'est pas décommandé, ... il s'agit d'un simple retard.

2. Il s'est conduit d'une façon très grossière, ... ma colère.

3. Vous avez obtenu l'autorisation écrite d'être absent samedi prochain, ... il est inutile de téléphoner ce jour-là au conseiller d'éducation.

4. Il espérait beaucoup cette place et ne l'a pas obtenue, ... sa déception.

5 Il espérait beaucoup cette place, votre réponse négative le décevra ....

---

44 *Récrivez la deuxième proposition en utilisant la conjonction **donc** dans le cours de la phrase.*

— *Je ne vous entends pas. **Donc** parlez plus fort !*
→ Parlez ***donc*** plus fort !

1. Je suis pris samedi prochain. ***Donc*** il faut remettre notre rendez-vous à lundi.

→ ....

2. Les routes des vacances seront très encombrées. ***Donc*** on aura intérêt à suivre les itinéraires de délestage.

→ ....

3. J'ignore l'origine de cette affaire. ***Donc*** je ne vois pas de quoi vous voulez parler.

→ ....

---

45 *Même exercice.*

1. Le petit chemin est signalé par un panneau. ***Donc*** il est impossible que vous le manquiez.

→ ....

2. Vous avez terminé ? ***Donc*** apportez-moi vos exercices !

→ ....

3. La visibilité était excellente. ***Donc*** les passagers ont pu apercevoir les côtes de l'Angleterre.

→ ....

16 | EXPRIMER LA CONSÉQUENCE : LES SUBORDONNÉES

Dans les propositions subordonnées, **la conséquence** peut être exprimée à l'aide des locutions conjonctives **si bien que, de sorte que.**

— *Je n'ai pas vu le début du film, **si bien que** je n'ai pas tout compris.*

- **Au point que** ajoute une notion **d'intensité**.

— *Il avait plu **au point que** certaines maisons étaient inondées.*

- **Tant que, tellement... que, si... que, un tel... que, tant de... que** introduisent une proposition subordonnée de conséquence liée à un élément d'intensité exprimé dans la principale.

— *Il travaille **tant qu**'il n'a plus le temps de faire du sport.*
— *Il a **tellement** bien travaillé **que** son projet a remporté le premier prix.*
— *Il a **un tel** travail **qu**'il n'a plus le temps de faire du sport.*
— *Il a **tant de** travail **qu**'il n'a plus le temps de faire du sport.*

━━━━━ EXERCICES ━━━━━

1. *Soulignez les subordonnants qui expriment la **conséquence** et précisez, à droite, s'il existe une **valeur d'intensité**.*

— *C'était **tellement** inattendu **que** le souffle nous manqua.* ....***intensité***............

1. Il s'agita tellement que les voisins se réveillèrent. ....

2. Il cria tant que les voisins se réveillèrent. ....

3. Il a une telle expérience qu'on peut
lui faire confiance. ....

4. Sa fenêtre donne sur la rue si bien
qu'elle a dû l'équiper de doubles vitres. ....

---

17 *Même exercice.*

1. Je n'avais pas son nouveau numéro
de téléphone de sorte que je n'ai
pu le contacter. ....

2. Paul a tant de chance qu'il
l'emportera. ....

3. Il fait preuve d'un tel courage
qu'on ne peut que l'admirer. ....

---

18 *Récrivez les phrases en exprimant le rapport de conséquence par : **si bien que, de sorte que, si/ tant/ tel (le)/ tellement ... que, tant de ... que**. Modifiez la ponctuation comme il convient.*

— *Paul a très mal dormi. Il est fatigué.*
  → *Paul a **tellement** mal dormi **qu**'il est fatigué.*

1. L'arbre était miné par un parasite. Il fallut l'abattre
et le brûler.

→ ....
....

2. Il insista, pleura, supplia. Il finit par obtenir gain de cause.

→ ....
....

3. Le mécanicien découpa les tôles au chalumeau.
On put dégager les blessés.

→ ....
....

4. Le conférencier fit preuve d'un immense savoir.
Il impressionna l'auditoire.

→ ....
....

17 | EXPRIMER LA CONSÉQUENCE : ASSEZ, TROP (DE)... POUR QUE

> On peut enfin exprimer la **conséquence** à l'aide des expressions :
>
> • **Assez... pour que, trop... pour que,** suivies d'un verbe au **subjonctif.**
>
> —— *Ta voiture est **trop** vieille **pour que** nous l'utilisions pour un long voyage.*
>
> • **Assez de... pour que, trop de... pour que,** suivies d'un verbe au **subjonctif.**
>
> —— *Il y a **assez d'**espace **pour que** tout le monde entre.*
>
> → Si le sujet de la principale est le même que celui de la subordonnée, on doit effectuer une **transformation infinitive.**
>
> —— *Il est trop intelligent **pour ne pas comprendre.***

―――― Exercices ――――

49 *Récrivez la phrase en utilisant la conjonction **pour que** suivie du subjonctif.*

—— *Il y a assez de place ici... on peut héberger ces garçons.*
→ *Il y a assez de place ici **pour qu'**on **puisse** héberger ces garçons.*

1. Ce film est assez beau... on le revoit volontiers.

→ ....

2. Pierre est assez courageux ... on lui dira la vérité.

→ ....

3. La bibliothèque est assez fournie ... vous y trouverez ce roman.

→ ....

50 Même exercice. (Afin de conserver le même sens, mettez la **deuxième** proposition à la forme affirmative).

— Cette histoire est trop triste ... je ne la raconterai pas aux enfants.
→ **pour que** je la **raconte** aux enfants

1. La ville est trop éloignée ... nous n'y allons pas à pied.

   → ....

2. Il reste trop peu de temps ... je ne saurai pas mon rôle par cœur.

   → ....

3. Vous vous êtes couchés trop tard ... on n'osera pas vous réveiller de bonne heure.

   → ....

4. Ils ne rentreront pas assez tôt ... vous ne les rencontrerez pas.

   → ....

51 Reliez les deux propositions à l'aide de **pour que** (+ subjonctif) ou de **pour** (+ infinitif). Attention au sujet.

— Je suis assez grand. Je peux prendre une décision tout seul.
→ Je suis assez grand **pour prendre** une décision tout seul.

1. Vous êtes trop nombreux. On ne peut pas vous accueillir tous.

   → ....

2. Le ciel est trop couvert. On ne voit pas les étoiles.

   → ....

3. Jean est trop fatigué. Il ne partira pas en randonnée.

   → ....

4. L'équipe est assez entraînée. Elle participera au championnat.

   → ....

5. Cette histoire est trop ancienne. Je ne m'en souviens pas.

   → ....

18 | EXPRIMER LA CONSÉQUENCE : AINSI ET AUSSI

> **Ainsi** exprime la **conséquence** s'il se trouve en tête d'une phrase qui sert de **conclusion à un raisonnement**.
>
> — *On vous a accusé de vol. Les preuves de votre innocence avaient disparu, il n'y avait aucun témoin. **Ainsi**, vous n'avez pu vous défendre.*
>
> **Aussi** peut également exprimer la **conséquence**.
> Il est utilisé en tête de la proposition et peut être alors **remplacé** par *c'est pourquoi* ou *à cause de cela*.
>
> → Après **aussi**, il y a **inversion** du pronom sujet **ou reprise** du nom sujet sous la forme d'un pronom personnel.
>
> — *Les égoïstes n'aiment qu'eux-mêmes, **aussi n'ont-ils** pas d'amis véritables.*

EXERCICES

Remplacez les pointillés par *ainsi* ou *aussi*.

— *Il n'a pas fini son travail, **aussi** ne pourra-t-il pas t'accompagner au cinéma.*

1. Il rentre souvent tard du travail, ... a-t-il rarement la possibilité de dîner avec ses enfants.
2. Les jeunes quittent les villages. .... les traditions se perdent et deviennent du folklore.
3. Le train revenait cher, ... a-t-il préféré organiser par autocar le voyage de fin d'année scolaire.

Même exercice.

1. Nous avons la place de vous loger. .... ne devez-vous pas hésiter à accepter notre invitation.

2. Le chômage touche même les diplômés. .... de nombreux jeunes préfèrent les formations pré-professionnalisées.

3. Il a fait toutes les démarches pour changer de poste, la direction a accepté sa demande ; .... n'a-t-il plus le choix du lieu de sa mutation.

---

54 *Reliez les phrases en utilisant à votre guise **ainsi** ou **aussi**, sans oublier d'inverser le sujet le cas échéant.*

— *Il faisait froid. Nous ne sommes pas sortis hier.*
  → **Aussi** ne **sommes-nous** pas sortis hier.

1. Bon nombre d'associations caritatives aident les chômeurs les plus démunis. Ce fléau social est moins dangereux qu'avant-guerre.

  → ....

2. La montée du nazisme fut facilitée par la crise économique que traversait l'Allemagne. Hitler put conquérir le pouvoir sans rencontrer de très fortes résistances.

  → ....

3. Le conseil constitutionnel décide en dernière instance de la validité des lois. Il est de fait la plus haute instance de l'État.

  → ....

---

55 *Même exercice.*

1. Les bénévoles de S.O.S. Amitié sont très encadrés. Ils sont tout à fait aptes à comprendre leurs interlocuteurs.

  → ....

2. On lui a confié des responsabilités. Il a pu surmonter son complexe d'infériorité.

  → ....

3. Pour éviter des récriminations, les dates des vacances sont tirées au sort. Il n'y a aucun favoritisme.

  → ....

19 | EXPRIMER LA CAUSE : À CAUSE DE, EN RAISON DE, SOUS L'EFFET DE, PAR SUITE DE, SUITE À

Pour exprimer la **cause**, voici quelques prépositions qui introduisent un **complément circonstanciel de cause** :

- **À cause de.**
  — Je le crois **à cause de** son honnêteté.

- **En raison de,** plus rare, signifie : *si l'on tient compte de.*
  — **En raison de** son jeune âge, le juge ne l'a pas puni sévèrement.

- **Sous l'effet de, par suite de** introduisent en général une **cause matérielle concrète.**
  — Ce métal s'est dilaté **sous l'effet de** la chaleur.

- **Suite à** est réservé à la langue **commerciale** ou **administrative**.
  — **Suite à** un mouvement de grève, le trafic sera perturbé sur la ligne 4.

EXERCICES

56 *Remplacez les pointillés par la préposition qui convient le mieux.*

— L'autoroute est fermée **à cause des** travaux.

1. La construction du nouveau collège a été repoussée .... du manque de crédit.

2. Les branches ont cassé .... du poids de la neige.

3. Le vote de la loi a été ajourné .... de nombreux amendements.

4. .... de la colère, il ne s'est plus maîtrisé et a frappé l'automobiliste.

5. .... d'encombrements sur les lignes, votre appel ne peut aboutir.

57 *Même exercice.*

1. .... de la lenteur d'acheminement du courrier, ton billet de train est arrivé trop tard pour que tu t'en serves.
2. Ce formulaire est impossible à remplir sans aide .... de sa complexité.
3. Le candidat avait gagné le premier prix, il bafouillait .... de l'émotion.
4. Les programmes de la chaîne ont dû être modifiés .... de l'actualité électorale.
5. .... votre demande du 15 février, nous vous adressons un formulaire d'inscription.

58 *Même exercice.*

1. Les médecins ont été débordés cet hiver........................de l'épidémie de grippe.
2. Le goudron a fondu...............................des fortes chaleurs.
3. ....du congé de la Toussaint, la banque fermera ses portes dès 16 heures.
4. C'est....................................de sa mauvaise volonté que le projet a échoué.

20 | EXPRIMER LA CAUSE : GRÂCE À, À CAUSE DE, FAUTE DE, À FORCE DE

Grâce à introduit une **cause** considérée comme **bénéfique**.
— *Grâce à votre générosité, un foyer pour S.D.F. a pu être ouvert.*

À cause de introduit une **cause** considérée comme **défavorable**.
— *À cause de ton retard nous avons manqué le train.*

Faute de introduit une **cause** à valeur **négative** et signifie : *par manque de*.
— *Je ne suis pas venu faute de temps.*

À force de indique une idée **d'intensité**, (effort ou quantité).
— *Il a réussi à force de travail.*

→ **À force de** et **faute de** peuvent être suivis d'un verbe à **l'infinitif**.

EXERCICES

5 Remplacez les pointillés par **grâce à** ou **à cause de**.

— **Grâce à** *votre soutien, l'association a acheminé un camion de vivres pour les réfugiés.*

1. .... cette erreur, il a fallu tout recommencer.
2. .... cette avalanche, la route a été coupée plusieurs heures.
3. .... ce contretemps, la livraison a dû être retardée.
4. .... chercheurs de ce laboratoire, cette terrible maladie a été vaincue.
5. .... la panne de courant, les passagers sont restés bloqués dans l'ascenseur.

60 Remplacez les pointillés par **à force de** ou **faute de**.

— **À force de** maladresses, il a perdu.

1. .... travail, ils ont dû quitter leur région.
2. .... patience, il a apprivoisé le renard.
3. .... un mode d'emploi, cet appareil est inutilisable.
4. .... ingéniosité, il a trouvé une solution.
5. .... attendre, il s'est lassé.
6. .... instructions précises, je n'ai pas su ce que je devais faire.

---

61 Remplacez la conjonction **parce que** par la préposition qui convient le mieux.

— Je n'ai pas pu être à l'heure **parce que** le train avait du retard. → **à cause du** retard du train.

1. Il est bloqué chez lui **parce qu'**il a neigé.

   → ....
2. Il ne joue plus **parce qu'**il n'a plus de cartes.

   → ....
3. Nous travaillons mieux **parce que** nous avons un ordinateur.

   → ....

---

62 Même exercice.

1. Je ne peux inviter mes sœurs en vacances **parce que** je n'ai pas de place.

   → ....
2. Il n'a pu acheter cette voiture **parce qu'**elle coûtait cher.

   → ....
3. Paul ne peut disputer ce match **parce qu'**il souffre d'un lumbago.

   → ....

21 | EXPRIMER LA CAUSE : LES SUBORDONNÉES

■ Dans les propositions subordonnées, **la cause** peut être exprimée à l'aide des locutions conjonctives : *parce que, étant donné que, puisque, sous prétexte que, vu que.*

■ **Parce que** et **étant donné que** ont une valeur **neutre** : la proposition répond à l'interrogation contenue dans la principale.

— Il n'est pas venu **parce qu'*il était malade*.**
→ Pourquoi n'est-il pas venu ? Parce qu'il était malade.

■ **Puisque** peut introduire **deux nuances :**

● **Exprimer,** avec la principale, **une relation de cause à effet** évidente.

— ***Puisque deux et deux font quatre*,** votre addition est fausse.

● **Se référer** à une **étape du raisonnement** sous entendue dans la principale.

— ***Puisque tu es venu jusque chez moi*,** monte boire un verre.
→ Tu es là, cela ne te gênera donc pas de monter boire un verre.

■ **Sous prétexte que** introduit une cause, mais l'auteur de la phrase **doute** que ce soit réellement la cause.

● **Comparons** :

— Paul est absent **parce qu'**il est malade.
→ On ne met pas en doute que Paul soit **vraiment** malade.

— Paul est absent **sous prétexte qu'**il est malade.
→ Le locuteur **ne croit pas** que la maladie soit la vraie raison de l'absence de Paul.

EXERCICES

63 Remplacez les pointillés par **puisque** ou **parce que** selon la valeur du raisonnement.

— Tu devrais être capable de m'expliquer ce problème de physique ... **puisque** ... c'est justement au programme de ta classe.

1. Le témoin ne peut continuer à prétendre qu'il ne connaît pas l'accusé .... on les a photographiés ensemble !

   Mais cette photo ne prouve rien, il est photographié avec moi .... nous étions assis par hasard sur le même banc.

2. Nous partagerons les frais .... le prix de cette location est élevée et qu'il ne peut être question que vous payiez ma part.

3. Je n'aurai pas froid .... j'ai pris mes précautions et me suis couvert comme si j'allais au pôle Nord.

---

64 Remplacez les pointillés par **sous prétexte que** ou **parce que** en tenant compte du point de vue du locuteur indiqué entre parenthèses.

— Il ne peut pas rendre son devoir **parce qu'**il l'a oublié chez lui. **(vrai)**.

1. Christine reste chez elle .... il fait froid. **(faux)**
2. L'accusé ne peut répondre à la question .... il a oublié. **(faux)**
3. Paul n'a pas pu rentrer chez lui .... il a perdu les clefs. **(vrai)**
4. Les adolescents fument .... cela leur donne une contenance. **(vrai)**
5. Ils ne sont pas partis en vacances .... ils n'ont pas eu de places d'avion. **(faux)**

22 | EXPRIMER LA CAUSE : PARCE QUE, EN EFFET

> Si l'on veut **éviter** l'emploi de **parce que** et couper une phrase qui serait trop longue, on peut utiliser la locution **en effet**.
>
> • **En effet** sert à **relier** deux phrases indépendantes, juxtaposées, séparées par un point ou un point virgule.
>
> • **En effet,** suivi d'une **virgule**, est employé dans la phrase qui exprime **la cause;** c'est obligatoirement la **seconde**.
>
> — Il n'a pu nous accompagner. **En effet,** son emploi du temps est très chargé.

─────── EXERCICES ───────

5 *Remplacez les pointillés par **en effet** ou **parce que**. Veillez à la ponctuation.*

— *Nous sommes en retard.* **En effet,** *nous avons attendu l'autobus très longtemps.*

1. .... cette robe était en solde, Claire n'a pu résister au désir de l'acheter.

2. L'an dernier cette entreprise a failli fermer. .... la crise économique avait ralenti ses activités.

3. Vous achèterez cette voiture .... elle correspond à vos besoins.

6 *Même exercice.*

1. .... elle n'avait pas son dictionnaire sous la main, elle a fait un contresens dans sa traduction.

2. Il refuse de se rendre à cette réunion à votre place; il a raison. .... ce n'est pas son travail.

3. Vous serez remboursé .... votre assurance prévoyait ce type de dommage.

4. Vous avez beau être libre le mardi, vous ne visiterez pas cette exposition ce jour-là. .... c'est le jour de fermeture du musée.

---

57 *Exprimez la cause, en utilisant tour à tour **parce que** et **en effet**. Placez la ponctuation comme il convient.*

— *Tout le monde aime Paul **parce qu'***il a de grandes qualités.
*Tout le monde aime Paul. **En effet,** il a de grandes qualités.*

1. Il a obtenu un logement social ....
   l'assistante sociale est intervenue activement.

   Il a obtenu un logement social ....
   l'assistante sociale est intervenue activement.

2. Ils ont remporté le match .... leur équipe était très supérieure à celle des adversaires.

   Ils ont remporté le match .... leur équipe était très supérieure à celle des adversaires.

---

58 *Même exercice.*

1. Les jeux électroniques remportent un succès écrasant .... tous les enfants sont fascinés par l'image.

   Les jeux électroniques remportent un succès écrasant .... tous les enfants sont fascinés par l'image.

2. Les urbanistes devraient faire une large place aux équipements sportifs .... le sport est un bon moyen d'intégrer les jeunes à la société.

   Les urbanistes devraient faire une large place aux équipements sportifs .... le sport est un bon moyen d'intégrer les jeunes à la société.

23 | DISTINGUER LA CAUSE DE LA CONSÉQUENCE

> — *Il envisage de démissionner **parce que** son travail est fatigant.*
>
> — *Son travail est **si** fatigant **qu'**il envisage de démissionner.*

Ces deux phrases disent la **même chose** mais elles envisagent le **rapport logique** sous un **angle différent**.

- Dans la première, **la cause** est mise en évidence par la proposition subordonnée.

- Dans la seconde, **la conséquence** est mise en évidence par la proposition subordonnée.

EXERCICES

*La proposition subordonnée soulignée exprime-t-elle la **cause** ou la **conséquence** ? Écrivez votre réponse à droite.*

— <u>Puisque tu veux me voir,</u> passe à 4 heures. → ***cause***

1. Il n'est pas venu <u>sous prétexte qu'il avait la grippe.</u> ....

2. Ces deux amis s'aimaient <u>tellement qu'on ne les voyait pas l'un sans l'autre.</u> ....

3. Ils sont allés dans ce restaurant, <u>non que la cuisine y soit bonne, mais le cadre est agréable.</u> ....

4. L'orage a été si violent <u>que les récoltes sont détruites.</u>

5. Il est passionné par cette enquête <u>au point de tout négliger.</u> ....

6. Il a eu une telle peur <u>qu'il ne recommencera jamais.</u> ....

70. En gardant l'ordre des propositions, écrivez à droite le mot de subordination qui convient pour exprimer la relation logique (voir leçon 16 et 21).

— *Votre camion ne pourra pas passer sur le pont. Il est trop lourd.* → ....**parce que**............

1. Cet objet ne peut être vu à l'œil nu. Il est trop petit. ....
2. Paul s'est levé très tard. Il a manqué le train. ....
3. La voiture de mon frère est vieille. Personne ne veut la lui racheter. ....
4. Les salaires des ouvriers sont insuffisants. On peut s'attendre à de nouvelles grèves. ....

71. Indiquez en face de chaque proposition celle qui exprime : **le fait, la cause, la conséquence**. Puis récrivez la phrase à l'aide des conjonctions qui conviennent.

— *Il circulait sans casque.* ....**cause**...............
Les gendarmes l'ont arrêté. ....**fait**..................
Il a dû payer une amende. ....**conséquence**........
Réécriture : *Parce qu'il circulait sans casque les gendarmes l'ont arrêté si bien qu'il a dû payer une amende.*

1. Il est arrivé en retard à la gare. ....
   Son réveil n'a pas sonné. ....
   Il a manqué son train. ....
   R : ....
   ....

2. Le brouillard était très dense. ....
   L'autoroute a été fermée. ....
   Un gigantesque carambolage s'est produit. ....
   R : ....
   ....

24 | EXPRIMER LE BUT : POUR QUE, POUR, EN VUE DE, DE PEUR DE, DE CRAINTE DE

■ **Le but** est une conséquence que l'on cherche à **atteindre** ou au contraire que l'on souhaite **éviter**.

— *Je viendrai **pour que** tu ne sois pas seule.*
*J'arriverai tôt **de peur que** tu ne t'impatientes.*

■ Dans une **phrase simple**, les compléments circonstanciels de **but** sont **introduits** par les prépositions ou locutions prépositionnelles : *pour, en vue de, de peur de, de crainte de.*

— *Ce match comptera **pour** la sélection olympique.*
*La police boucle le stade **de peur d'**incidents.*

ATTENTION

● ***Pour, afin de, de peur de, de crainte de*** peuvent être **suivis** d'un verbe à **l'infinitif**. Il faut alors que le sujet de cet infinitif soit le **même** que le sujet du verbe principal dont il dépend.

— *Paul travaille **pour** réussir.*

→ ***Paul*** est le **sujet** du verbe *travailler* et le **sujet** sous-entendu du verbe à l'infinitif *réussir*.

═══════════ EXERCICES ═══════════

72 *Indiquez, à droite, si la proposition subordonnée exprime le **but** ou la **conséquence**.*

— *Cette ampoule est grillée **de sorte qu'**on ne voit plus clair.*
→ ***conséquence***

1. Fais un double nœud de sorte que
ton lacet ne se défasse pas. ....

2. Il ne m'a pas appelé de sorte que
je n'ai pas d'informations
nouvelles par rapport à hier. ....

3. Il a suffi d'un coup d'épaule pour
que cette porte cède. ....

4. Il suffit que tu donnes un coup d'épaule pour que cette porte cède. ....

73 Même exercice.

1. Prévenez-la suffisamment tôt pour qu'elle soit prête au moment où je passerai la chercher. ....

2. Les fenêtres donnent sur la cour de sorte que vous ne serez dérangé par aucun bruit. ....

3. Il a fallu de longues négociations pour qu'un cessez-le-feu intervienne. ....

4. Les accords ont été signés de sorte qu'il n'y a plus aujourd'hui de problèmes litigieux. ....

74 Remplacez la proposition soulignée par un verbe à l'infinitif introduit par un des mots proposés : *pour, afin de, en vue de, de peur de, de crainte de.*

— Christine marche sur la pointe des pieds. **Elle ne veut pas réveiller les enfants.** → *de peur de réveiller les enfants.*

1. Paul s'entraîne intensivement. Il espère gagner le match.

→ ....

2. Vincent économise. Il souhaite s'acheter une guitare électrique.

→ ....

3. Il révise son interrogation de physique. Il craint d'avoir une mauvaise note.

→ ....

4. La vieille dame avançait prudemment. Elle craignait de glisser sur le verglas.

→ ....

5. La voiture freine. Elle va s'arrêter au feu rouge.

→ ....

25 | EXPRIMER LE BUT : LES SUBORDONNÉES

Dans les propositions subordonnées, **le but** peut être exprimé à l'aide des locutions conjonctives : *pour que, afin que, de sorte que, de façon que, de peur que, de crainte que*. Leur verbe est **toujours** au **subjonctif**.

— *Cette entreprise fait beaucoup de publicité **pour que** les consommateurs **connaissent** la qualité de ses produits.*

ATTENTION

- Le sujet du verbe de la proposition subordonnée doit être **différent** de celui de la principale, **sinon** le verbe est à **l'infinitif** (voir leçon 24).

EXERCICES

75 *Mettez le verbe entre parenthèses au temps et au mode qui conviennent.*

— **(ne pas être)** *Il surveille les toasts pour qu'ils* … **ne soient pas**… *brûlés.*

1. **(ne pas être)** Délaie soigneusement la farine pour que la pâte à crêpes .... grumeleuse.

2. **(prendre)** J'éloigne la couverture de la cheminée de peur qu'elle .... feu.

3. **(faire)** J'insiste pour qu'il .... son travail tout seul.

4. **(être remboursés)** Il est indispensable afin que vous .... par l'assurance que votre déclaration parte avant le 15 septembre.

5. **(tromper)** Afin que vous ne vous .... plus, j'ai fait photocopier le plan.

76 Même exercice.

1. *(guérir)* Le médecin vous donnera un traitement pour que vous .... au plus vite.
2. *(conduire)* J'ai dû me fâcher pour qu'il .... moins vite.
3. *(rendre)* Il a téléphoné afin que vous .... le dossier avant jeudi.
4. *(pleuvoir)* Je n'ai pas mis le couvert dans le jardin de peur qu'il ....

77 Indiquez si la phrase est correcte. Dans le cas contraire, transformez l'infinitif en proposition subordonnée.

— *Les professeurs font travailler leurs élèves* **pour réussir.**
→ ... **afin que ces derniers réussissent.**

1. Les pompiers sont intervenus pour éteindre l'incendie.
   → ....
2. Je n'ai pas voulu sonner de peur de vous déranger.
   → ....
3. La jeune femme courait pour attraper l'autobus.
   → ....

78 Même exercice.

1. Son père l'a mis en pension pour passer son bac.
   → ....
2. Ils ont consenti de gros efforts pour emporter le marché.
   → ....
3. Ils ont gardé l'enfant au chaud de peur de s'enrhumer.
   → ....

26 | EXPRIMER LA COMPARAISON

Dans une **phrase simple**, le complément circonstanciel de comparaison est **introduit** par : *comme, pareil à, semblable à, à la façon de, à la manière de, par rapport à, à la mode de,* etc.

— *Il conduit **comme** un fou.*

Dans une **phrase complexe**, la proposition subordonnée de comparaison est **introduite** par : *comme, ainsi que, tel que, de même que, de la façon que.* Le verbe est à **l'indicatif** ou au **conditionnel**.

— *Elle le soigne **comme** le ferait une mère.*

ATTENTION

- *Comme si* apporte une **nuance hypothétique**. Il est **toujours suivi** d'un verbe à **l'imparfait** ou au **plus-que-parfait** de **l'indicatif**.

— *Il mange **comme s'**il n'avait pas mangé depuis huit jours !*

EXERCICES

79 *Remplacez la proposition soulignée par un complément circonstanciel introduit par la préposition donnée entre parenthèses.*

— Il peint <u>comme peignaient les primitifs italiens</u>
(**à la façon de**) à la façon des primitifs italiens.

1. Il boit son thé à cinq heures <u>comme le font les Anglais</u>.

   (à la mode) → ....

2. Ce téléviseur n'est pas cher <u>si on le compare à celui-ci</u>.

   (par rapport à) → ....

3. Le paquebot avançait lentement, <u>on aurait dit un cygne</u>.

   (semblable à) → ....

4. L'athlète s'élança ; <u>il ressemblait à un guépard</u>.

   (pareil à) → ....

Même exercice.

1. Ce peintre utilise la couleur pure ; <u>Van Gogh l'utilisait de la même façon</u>.
   (à la manière de) → ....
2. Les aiguilles de pin s'enflammèrent vivement, <u>on aurait cru des allumettes</u>.
   (comme) → ....
3. Ma voiture ne roule pas vite <u>si on la compare à une formule 1</u>.
   (par rapport à) → ....
4. La locomotive surgit brusquement, <u>ce fut un éclair lumineux</u>.
   (comme) → ....

Conjuguez le verbe entre parenthèses au temps qui convient.

— *(voir)* Elle fit comme si elle ne me **voyait** pas.

1. *(habiter)* Ils économisaient l'eau comme s'ils .... le Sahara.
2. *(avoir contenu)* Elle surveillait sa valise comme si elle .... un trésor.
3. *(poursuivre)* Il courait comme si la police le ....

Même exercice.

1. *(avoir pressenti)* Il nous a dit au revoir comme s'il .... que c'était la dernière fois.
2. *(connaître)* Faites comme si vous ne le .... pas.
3. *(comprendre)* Il faisait comme s'il ne .... pas ce que nous lui disions.
4. *(avoir pas reçu)* Vous agirez comme si vous n'................................ d'instructions.

27 EXPRIMER LA COMPARAISON : COMPARATIFS ET SUPERLATIFS

La comparaison peut être exprimée à l'aide du **comparatif** ou du **superlatif**.

● Il existe **trois degrés** de comparaison pour les **adjectifs** et les **adverbes** :

1. **Le comparatif d'égalité** : *aussi*.

2. **Le comparatif de supériorité** : *plus, mieux, meilleur, pire que*.

→ **Le superlatif de supériorité** : *le plus, le mieux, le meilleur, le pire de*.

3. **Le comparatif d'infériorité** : *moins... que*.

→ **Le superlatif d'infériorité** : *le moins... de*.

— *Pierre est **aussi** grand **que** Paul.*
*Ce produit est **le plus** économique **du** rayon.*

● Pour le **nom** on utilise : *autant de... que, plus de... que, moins de... que*.

— *Il a **autant de** travail **que** toi.*

═══════════ EXERCICES ═══════════

63 *Inversez le complément de comparaison tout en conservant le même sens.*

— *Pierre est **plus** grand **que** Louis.*
→ *Louis est **moins** grand **que** Pierre.*

1. Tu chantes mieux que tu ne peins.

   → ....

2. Ce type de voiture est moins rapide que confortable.

   → ....

3. Sa prononciation de l'anglais est pire que sa prononciation de l'espagnol.

   → ....

84 Même exercice.

1. Les tartes de ce pâtissier sont moins bonnes que ses éclairs au chocolat.

   → ....

2. Christine est plus intelligente qu'elle n'en a l'air.

   → ....

3. On croit la situation meilleure qu'elle n'est en réalité.

   → ....

4. Ce travail est plus difficile que le précédent.

   → ....

85 Même exercice.

1. Ce sac est plus beau que pratique.

   → ....

2. Cette année il a moins de clients que l'an dernier.

   → ....

3. J'ai plus de copains au lycée que je n'en avais au collège.

   → ....

86 Même exercice.

1. Les abricots sont plus mûrs que les pêches.

   → ....

2. Ce film nous a plus étonnés qu'intéressés.

   → ....

3. La route de l'intérieur est meilleure que la route de la corniche.

   → ....

28 | EXPRIMER LA COMPARAISON : COMME

Comme peut introduire **trois propositions différentes** :

- Une proposition de **comparaison**.
  — *Nous ferons **comme** tu voudras.*
→ Il est **équivalent** de : *ainsi que, de la manière que*, etc.

- Une proposition de **temps**. Il indique que **deux actions** ont eu lieu **simultanément**.
  — ***Comme** le train entrait en gare, un coup de sifflet retentit.*

- Une proposition de **cause**, qui est en général placée **avant** la principale.
  — ***Comme** je ne travaille pas dimanche prochain, je viendrai t'aider à repeindre ta chambre.*
→ Il est **l'équivalent** de : *étant donné que, puisque*.

EXERCICES

*Indiquez, à droite, si les propositions soulignées expriment la **cause**, la **comparaison** ou le **temps**.*

— **Comme il faisait froid**, ils montèrent le chauffage → **cause**

1. Il ne lit pas cette poésie <u>comme il faut</u>. ....
2. <u>Comme il n'a pas lu l'article du journal</u>, il ne sait pas de quoi tu parles. ....
3. <u>Comme on le lui a appris</u>, il sait faire ce plat. ....
4. Il fait ce plat <u>comme on le lui a appris</u>. ....

Même exercice.

1. <u>Comme ils avaient sonné</u>, le portail s'ouvrit. ....
2. <u>Comme il est maigre</u>, il paraît plus grand. ....

3. <u>Comme vous l'aviez prédit</u>, Jean n'a pas pu garder le secret. ....
4. <u>Comme vous garderez le secret et moi aussi</u>, personne ne le saura. ....

---

*Reliez les deux propositions au moyen de **comme** et indiquez le rapport logique. Certaines modifications ou suppressions seront parfois nécessaires.*

— Jouez avec cette méthode. On vous a appris cette méthode.
Jouez avec cette méthode, **comme** on vous l'a appris.
(comparaison)

1. Il n'avait pas pris son maillot. Il ne les a pas accompagnés à la piscine.

   → ....

2. Nous refusons de jouer avec Christine. Elle triche.

   → ....

3. On continuera. On a toujours fait ainsi.

   → ....

Même exercice.

1. Il allait fermer la porte. Le téléphone sonna.

   → ....

2. La porte s'ouvrait. Son visage prit un air préoccupé.

   → ....

3. La poste était en grève. Ma lettre n'est pas arrivée à temps.

   → ....

29 | EXPRIMER LA CONDITION

La condition peut être exprimée à l'aide des conjonctions suivantes :

● **Si** suivie de **l'indicatif**.
— *Si j'ai le temps, je passerai te voir.*

● **À condition que, pourvu que, pour peu que, si tant est que** suivies du **subjonctif**.
— *Tu sortiras, à condition que tu promettes de rentrer tôt.*

● **Au cas où, quand, quand bien même** : suivies du **conditionnel**. **À supposer que, à moins que** : suivies du **subjonctif**. **En admettant que** : suivie de **l'indicatif** ou du **subjonctif**. **Selon que** : suivie de **l'indicatif**.

→ Toutes ces locutions conjonctives expriment une **supposition**.
— *Au cas où tu voudrais me joindre, voici mon adresse.*

● **À condition de** et **à moins de** sont suivies de **l'infinitif,** si le sujet du verbe de la subordonnée est le **même** que celui de la principale.
— *Vous ne verrez pas le défilé, à moins de monter au deuxième étage.*

═══════════ EXERCICES ═══════════

Remplacez les pointillés par la conjonction qui convient au sens et au mode du verbe.

— **Pour peu qu'**il ait beaucoup de retard, la banque sera fermée à son arrivée.

1. Vous aurez des chambres à l'hôtel .... vous réserviez suffisamment à l'avance.

2. Je ne déménagerai pas ....trouver un logement aussi agréable.

3. .... j'ai eu tort de l'inviter, ce n'est pas une raison pour être grossier envers elle.

4. Je t'aiderai volontiers .... tu y mettes du tien !

5. .... vous ne parviendriez pas à la joindre, téléphonez-moi.

Même exercice.

1. Cette solution, ... elle soit applicable, ne me sourit guère.

2. .... on m'en proposerait le double, je ne vendrais pas ce tableau qui me vient de mes parents.

3. .... ce calcul soit juste, il n'est pas dit que nous puissions réaliser cette opération.

4. .... tu sois à jour de ta cotisation, tu peux venir au club tous les jours si tu le souhaites.

---

*Remplacez **si** par la locution donnée entre parenthèses et modifiez le mode du verbe le cas échéant.*

— *Si tu sais quelque chose de nouveau, avertis-moi* **(au cas où)** → **Au cas où tu saurais.**

1. Si tu pars rapidement, tu ne manqueras pas ton train.
   (à condition que) → ....
2. Si vous veniez avec nous, vous feriez un beau voyage.
   (au cas où) → ....
3. Si je n'avais rien à faire, je n'irais pas au cinéma ce soir.
   (quand bien même) → ....
4. Si tu fais suffisamment d'économies, tu pourras t'offrir ce lecteur de C.D.
   (pour peu que) → ....

30 | EXPRIMER LA CONDITION (1) : SI

Rappel

Si sert à exprimer l'hypothèse et la supposition. Le **mode** de la proposition introduite par **si** est **toujours l'indicatif**. Toutefois **si** ne sera **jamais suivi** du **futur simple** ou du **futur antérieur**.

Les **temps** de la proposition introduite par **si** varient selon **deux systèmes**.

■ L'hypothèse est réalisable.

● Sa réalisation est **probable**.

→ **Si** suivi du **présent**. La principale est au **futur**.
— *Si tu réussis, nous serons très contents.*

Autres modes

→ **Si** suivi du **présent**. La principale est à **l'impératif**.
— *Si tu le vois, dis-le moi.*

→ **Si** suivi du **présent**. La principale est au **présent**.
— *Si tu bouges, tu es mort.*

● Sa réalisation est **peu probable**.

→ **Si** suivi de **l'imparfait**. La principale est au **conditionnel présent**.
— *Si je gagnais au Loto, je ferais un beau voyage.*

Autres modes

→ **Si** suivi de **l'imparfait**. La principale au est **conditionnel passé**.
— *Si j'échouais à ce concours, j'aurais perdu mon année.*

→ **Si** suivi de **l'imparfait**. La principale est à **l'impératif**.
— *Si tu tardais, téléphone-nous.*

EXERCICES

Écrivez, à droite, si l'hypothèse est **probable** ou **peu probable**.

— Si tu connais bien le chemin, tu ne te tromperas pas.
........**probable**........

1. Si tu t'inscris à temps à ce cours de guitare, tu auras de la place. ....
2. Si tu réussissais aux deux concours, tu choisirais celui qui te convient le mieux. ....
3. Si tu viens demain, tu verras Jérôme. ....
4. Si tu passais devant la poste, tu pourrais chercher son adresse sur le Minitel. ....

Même exercice.

1. Si tu fais ce plat, ton repas sera original. ....
2. Si tu ne pouvais pas être à la maison avant huit heures, préviens-moi. ....
3. Si vous achetiez cette télévision, vous en seriez content. ....
4. Si tu suis le mode d'emploi, tu ne peux pas rater l'assemblage de ce meuble. ....

Conjuguez le verbe entre parenthèses au temps qui convient.

— **(vouloir)**: Si tu ...**veux**..., nous partirons par le train de 8h43.

1. **(choisir)** Si nous .... cette solution, nous le regretterons peut-être.
2. **(commettre)** S'ils condamnaient cet homme, ils .... une erreur judiciaire.
3. **(emmener)** Si tu sors, ... le chien.
4. **(avoir)** Si tu gares ta voiture de ce côté-ci de la rue, tu ....une contravention.

31 | EXPRIMER LA CONDITION (2) : SI

L'hypothèse n'est pas réalisable.

- L'hypothèse est **impossible** (irréelle dans le présent).
  - → **Si** suivi de **l'imparfait.** La principale est au **conditionnel présent.**
  - *Si nous **étions** au Moyen-Âge, on la **brûlerait** comme sorcière.*

- L'hypothèse est envisagée comme **n'ayant pas été réalisée** dans le **passé** (irréelle du passé).
  - → **Si** suivi du **plus-que-parfait.** La principale est au **conditionnel passé.**
  - *Si j'**avais eu** de l'argent, j'**aurais acheté** cette voiture.*

Autre mode
  - → **Si** suivi du **plus-que-parfait.** La principale est au **conditionnel présent.**
  - *Si j'**avais réparé** la terrasse l'été dernier, il n'y **aurait** pas de fuite aujourd'hui.*

EXERCICES

97 *Soulignez d'**un trait** les propositions qui expriment l'irréel du présent et de **deux traits** celles qui expriment l'irréel du passé.*

— **Si tu n'étais pas une fille,** il t'emmènerait au match de football.

1. Si j'avais su la vérité plus tôt, je ne me serais pas fait d'illusions.
2. Si j'habitais une grande ville, j'irais souvent au cinéma.
3. Si elle était plus grande, elle pourrait devenir mannequin.
4. Si on connaissait l'avenir, on éviterait bien des erreurs.

98 *Même exercice.*

1. Si vous saviez son nom, vous seriez très étonné.
2. Si tu te servais d'un traitement de texte au lieu d'une machine à écrire, tu gagnerais du temps.
3. S'il avait travaillé davantage au lieu de jouer tous les après-midi, il ne redoublerait pas sa classe.
4. Si je n'avais pas retrouvé mes clefs, je serais allé coucher chez toi.
5. Si j'étais un garçon, j'essayerais de jouer au rugby.

---

99 *Mettez la forme verbale entre parenthèses au temps qui convient.*

— **(n'être pas)** *Si tu* **n'avais pas été** *pressée hier, je t'aurais fait écouter mon nouveau disque.*

1. *(chanter)* Si tu .... juste, tu pourrais faire partie de la chorale.
2. *(ne pas être)* Si le billet .... si cher, je prendrais plutôt l'avion.
3. *(être)* Si ce tableau .... authentique, l'expert t'aurait remis un certificat.
4. *(exister)* S'il .... des solutions à la crise, les hommes politiques les auraient appliquées depuis longtemps.

Même exercice.

1. *(habiter)* Si tu .... moins loin, nous nous verrions plus souvent.
2. *(savoir)*. Si je .... que ce bibelot te faisait plaisir, je te l'aurais offert.
3. *(être)* Si c' ....à la mode, porterais-tu ce chapeau ridicule ?
4. *(être)* Si tu .... moins occupé hier, nous serions allés au restaurant.

Corrigés des exercices

Exercice 1
Pour qu' ; mais ; puisque ; en effet ; par exemple.

Exercice 2
D'une part (...) d'autre part ; et surtout ; ou bien ; même si.

Exercice 3
En revanche ; bien que ; si ; à cause du.

Exercice 4
De sorte qu' ; en effet ; en raison de ; cependant.

Exercice 5
Parce que = conjonction de subordination ;
Malgré = préposition ; Par conséquent = adverbe ;
Or = conjonction de coordination.

Exercice 6
Ou = conjonction de coordination ;
si bien que = conjonction de subordination ;
or = conjonction de coordination.

Exercice 7
Sans = préposition ; à moins de = préposition ;
notamment = adverbe.

Exercice 8
Pourtant = opposition ; si bien que = conséquence ;
parce que = cause ; en outre = addition.

Exercice 9
Ainsi = explication ; Si = condition ; afin que = but ;
comme = comparaison.

Exercice 10
De plus ; et surtout ; également ; aussi ou de surcroît.

Exercice 11
également ou aussi ; de plus ; surtout ; de plus.

Exercice 12
De plus. De même. Par ailleurs. En outre (ou) de surcroît.

Exercice 13
d'ailleurs ; par ailleurs ; d'ailleurs ; Par ailleurs.

Exercice 14
d'ailleurs ; D'ailleurs ; d'ailleurs.

Exercice 15
d'ailleurs ; Par ailleurs.

Exercice 16
par ailleurs ; D'ailleurs ; Par ailleurs.

Exercice 17
et même ; voire ; même.

Exercice 18
voire ; même ; même.

Exercice 19
voire ; même ; même.

Exercice 20
voire ; voire ; même.

Exercice 21
addition ; conséquence ; addition ; conséquence ; conséquence ; addition.

Exercice 22
(1) Aussi sommes-nous restés à la porte.
(2) Aussi les consommateurs les ont-ils boudés.
(3) Aussi avez-vous reçu beaucoup de réponses à votre annonce. (4) Aussi ne faut-il pas s'attendre à un résultat positif. (5) . Aussi ne doit-on pas le blâmer de ne pas l'avoir prévue.

Exercice 23
Phase 1 — (1) Tout d'abord la curiosité est très vive, (2) ensuite la mémoire est totalement disponible, (3) enfin les enfants ne sont pas timides et prononcent sans complexe des mots étrangers.

Phase 2 — (1) D'abord le chien s'approcha silencieusement, (2) ensuite il flaira l'homme étendu à terre, (3) enfin il se mit à le lécher en jappant doucement.

Phase 3 — (1) Tout d'abord les musiciens attaquèrent l'ouverture, (2) ensuite le rideau se leva sur le décor brillamment éclairé du premier acte, (3) enfin des retardataires se faufilèrent dans le noir.

Exercice 24
Phase 1 — Progression incorrecte
(1) Tout d'abord l'homme inséra son ticket dans le composteur,
(2) ensuite il franchit la barrière du métro,

(3) enfin il se dirigea dans la direction du pont de Sèvres.

Phase 2 — oui, correct.

Exercice 25
c'est-à-dire ; c'est-à-dire ; notamment ; en effet ; notamment ; c'est-à-dire.

Exercice 26
Notamment ; – oui ; – par exemple ; – c'est-à-dire ; notamment.

Exercice 27
pourtant ; mais ; Or ; Néanmoins ; pourtant.

Exercice 28
par contre ; en revanche ; cependant ; pourtant ; à l'inverse

Exercice 29
(1). Malgré l'avis de grand vent de la météo, les voiliers sont sortis.
(2). Malgré sa maladie, il reste de bonne humeur.
(3). En dépit de votre grand courage, vous ne pouvez intervenir.
(4). Au contraire de Paul (ou à l'inverse de Paul), je n'aime pas les escargots.
(5). Malgré la naïveté de ces attentions, elles attendrissent.

Exercice 30
étape du récit ; étape du raisonnement ; objection.

Exercice 31
étape du raisonnement ; étape du récit ; étape du raisonnement ; objection.

Exercice 32
Or ; Or ; Or ; mais ; mais.

Exercice 33
opposition – temps/opposition – opposition
Temps/opposition – Opposition – Temps.

Exercice 34
Temps/opposition – Opposition – Temps – Opposition.

Exercice 35
Temps/Opposition – Opposition – Temps – Opposition.

Exercice 36
(**1**) Alors que. (**2**) Tandis que. (**3**) Alors que.
(**4**) Tandis que.

Exercice 37
(**1**) Bien qu'il (ou quoiqu'il) soit au courant, il fait comme s'il ne savait rien.
(**2**) Quoique (ou bien que) son équipement soit très perfectionné, ses performances ne sont pas bonnes.

Exercice 38
(**1**) Quoique (ou bien que) cette bière ne vaille que dix francs, elle est pourtant excellente.
(**2**) Quoique (ou bien que) le programme soit très chargé, le professeur doit pourtant l'avoir terminé pour l'examen. (**3**) Bien que (ou quoique) cet enfant comprenne très lentement, il est cependant capable de poursuivre des études.

Exercice 39
(**1**) Tu as beau avoir mauvais caractère, nous t'aimons bien.
(**2**) Il a beau parler anglais couramment, il a eu du mal à s'adapter à la vie londonienne.
(**3**) Leur appartement a beau être petit, ils n'envisagent pas de déménager. (**4**) Le pays organisateur des Jeux a eu beau faire de grands efforts, certains ne se sont pas privés de le critiquer.

Exercice 40
(**1**) Certes il est exigeant, pourtant on l'aime bien.
(**2**) Certes il y a des barrages avant Paris, pourtant la Seine a débordé. (**3**) Certes c'est encore l'hiver, mais les arbres sont déjà en fleurs.
(**4**) Certes les pêcheurs sont en grève, mais il y a du poisson au marché.
(**5**) Certes le cinéma français est excellent, pourtant les spectateurs préfèrent les feuilletons américains.

Exercice 41
(**1**) impossible. (**2**) Certes il a de l'argent, mais il vit modestement. (**3**) Certes la crise économique sévit, mais certains commerces prospèrent.

Exercice 42
(**1**) Sans doute visiterez-vous l'exposition.
(**2**) Sans doute devra-t-on revoir le contrat.
(**3**) Peut-être a-t-il cherché à vous prévenir.

Exercice 43
par conséquent. – d'où. – donc (ou dès lors).
d'où – donc (ou par conséquent).

Exercice 44
(1) Il faut donc remettre notre rendez-vous.
(2) On aura donc intérêt à suivre.
(3) Je ne vois donc pas de quoi vous voulez parler.

Exercice 45
(1) Il est donc impossible que vous le manquiez.
(2) Apportez-moi donc vos exercices !
(3) Les passagers ont donc pu apercevoir.

Exercice 46
tellement que (intensité). – tant que (intensité).
telle... que (intensité). – si bien que (pas d'intensité).

Exercice 47
de sorte que (pas d'intensité). – tant de... que (intensité). – tel... que (intensité).

Exercice 48
(1) L'arbre était miné par un parasite, si bien que/de sorte qu'il fallut l'abattre et le brûler.
(2) Il insista, pleura, supplia, si bien qu'il finit par obtenir gain de cause **ou avec expression de l'intensité** : Il insista, pleura, supplia tant qu'il finit par obtenir gain de cause, (**attention à la virgule qui disparaît dans la deuxième phrase**).
(3) Le mécanicien découpa les tôles au chalumeau, si bien que/de sorte qu'on put dégager les blessés.
(4) Le conférencier fit preuve d'un immense savoir, si bien qu'il impressionna l'auditoire, **ou avec expression de l'intensité** : Le conférencier fit preuve d'un tel savoir qu'il impressionna l'auditoire, (**attention à la virgule qui disparaît dans la deuxième phrase**).

Exercice 49
(1) Ce film est assez beau pour qu'on le revoie volontiers.
(2) Pierre est assez courageux pour qu'on lui dise la vérité.
(3) La bibliothèque est assez fournie pour que vous y trouviez ce roman.

Exercice 50
(1) pour que nous y allions à pied.
(2) pour que je sache mon rôle par cœur.
(3) pour qu'on ose vous réveiller de bonne heure.
(4) pour que vous les rencontriez.

Exercice 51
(1) pour qu'on puisse vous accueillir tous. (2) pour qu'on voie les étoiles. (3) pour partir en randonnée.
(4) pour participer au championnat.
(5) pour que je m'en souvienne.

Exercice 52
aussi. Ainsi. aussi.

Exercice 53
Aussi. Ainsi. aussi.

Exercice 54
(1) Ainsi, ce fléau social est moins dangereux qu'avant-guerre, **ou** Aussi ce fléau social est-il (…)
(2) Ainsi, Hitler put conquérir le pouvoir sans rencontrer de très fortes résistances, **ou** Aussi Hitler put-il (…) (3) Ainsi, il est de fait la plus haute instance de l'État, **ou** Aussi est-il de fait (…).

Exercice 55
(1) Ainsi, ils sont tout à fait aptes à comprendre leurs interlocuteurs, **ou** Aussi sont-ils (…)
(2) Ainsi, il a pu surmonter son complexe d'infériorité, **ou** Aussi a-t-il (…).
(3) Ainsi, il n'y a aucun favoritisme, **ou** Aussi n'y a-t-il (…).

Exercice 56
À cause. – sous l'effet.– à cause. – Sous l'effet. – Par suite.

Exercice 57
À cause. – à cause. – sous l'effet. – en raison. – Suite à.

Exercice 58
à cause. – sous l'effet. – En raison. – à cause. En raison.

Exercice 59
À cause de. – À cause de. – À cause de. – Grâce aux. À cause de.

Exercice 60
Faute de travail. – À force de patience. – Faute d'un mode d'emploi. – À force d'ingéniosité.
À force d'attendre. – Faute d'instructions.

Exercice 61
(**1**) à cause des chutes de neige. (**2**) faute de cartes. (**3**) grâce à notre ordinateur.

Exercice 62
(**1**) faute de place. (**2**) en raison de son prix. (**3**) à cause de son lumbago.

Exercice 63
(**1**) puisque – parce que (**2**) parce que (**3**) parce que.

Exercice 64
sous prétexte que – sous prétexte que – parce que parce que –.sous prétexte qu'.

Exercice 65
Parce que – En effet, – parce qu'–

Exercice 66
Parce qu'– En effet, – parce que – En effet, –

Exercice 67
(**1**) Il a obtenu un logement social **parce que** l'assistante sociale est intervenue activement. **En effet**, l'assistante sociale (…).
(**2**) Ils ont remporté le match **parce que** leur équipe était très supérieure à celle des adversaires. **En effet**, leur équipe (…).

Exercice 68
(**1**) Les jeux électroniques remportent un succès écrasant **parce que** tous les enfants sont fascinés par l'image. **En effet**, tous les enfants (…)
(**2**) Les urbanistes devraient faire une large place aux équipements sportifs **parce que** le sport est un bon moyen d'intégrer les jeunes à la société. **En effet**, le sport (…).

Exercice 69
cause – conséquence – cause – conséquence.
conséquence – conséquence.

Exercice 70
parce que – si bien que – si bien que – si bien que.

Exercice 71
Phrase 1. Il est arrivé en retard à la gare. **(fait)** Son réveil n'a pas sonné. **(cause)**. Il a manqué son train. **(conséquence)**
R : Parce que son réveil n'a pas sonné, il est arrivé en retard à la gare si bien qu'il a manqué son train.
Phrase 2 Le brouillard était très dense. **(cause)** L'autoroute a été fermée. **(conséquence)**
Un gigantesque carambolage s'est produit. **(fait)**
R : Parce que le brouillard était très dense, un gigantesque carambolage s'est produit si bien que l'autoroute a été fermée.

Exercice 72
but – conséquence – conséquence – but.

Exercice 73
but – conséquence – but – conséquence.

Exercice 74
(**1**) en vue de gagner le match.
(**2**) pour s'acheter une guitare électrique.
(**3**) de crainte de **ou** de peur d'avoir une mauvaise note.
(**4**) de crainte de **ou** de peur de glisser sur le verglas.
(**5**) pour s'arrêter au feu rouge.

Exercice 75
ne soit pas – prenne – fasse – soyez remboursés trompiez.

Exercice 76
guérissiez – conduise – rendiez – pleuve.

Exercice 77
Correct – Correct – Correct.

Exercice 78
Incorrect : pour qu'il passe – correct.– Incorrect : de peur qu'il ne s'enrhume.

Exercice 79
(**1**) à la mode anglaise. (**2**) par rapport à celui-ci.
(**3**) semblable à un cygne. (**4**) pareil à un guépard.

Exercice 80
(**1**) à la manière de Van Gogh.
(**2**) comme des allumettes.
(**3**) par rapport à une formule 1.
(**4**) comme un éclair lumineux.

Exercice 81
habitaient – avait contenu – poursuivait.

Exercice 82
avait pressenti – connaissiez – comprenait – aviez pas reçu.

Exercice 83
(1) Tu peins moins bien que tu ne chantes.
(2) Ce type de voiture est plus confortable que rapide.
(3) Sa prononciation de l'espagnol est meilleure que sa prononciation de l'anglais.

Exercice 84
(1) Les éclairs au chocolat de ce patissier sont meilleurs que ses tartes.
(2) Christine a l'air moins intelligente qu'elle n'est réellement.
(3) la situation est moins bonne qu'elle ne le paraît.
(4) Le précédent travail était moins difficile que celui-ci.

Exercice 85
(1) Ce sac est moins pratique que beau.
(2) L'an dernier, il avait plus de clients que cette année.
(3) J'avais moins de copains au collège que je n'en ai au lycée.

Exercice 86
(1) Les pêches sont moins mûres que les abricots.
(2) Ce film nous a moins intéressés qu'étonnés.
(3) La route de la corniche est moins bonne que la route de l'intérieur.

Exercice 87
comparaison – cause – cause – comparaison.

Exercice 88
cause. cause. comparaison. cause.

Exercice 89
(1) Comme il n'avait pas pris son maillot, il ne les a pas accompagnés […] **cause**;
(2) Comme Christine triche, nous refusons de jouer avec elle, **cause**
(3) On continuera comme on a toujours fait, **comparaison**.

74

Exercice 90
(**1**) Comme il allait fermer la porte, le téléphone sonna, **temps**.
(**2**) Comme la porte s'ouvrait, son visage prit un air préoccupé, **temps/cause**…
(**3**) Comme la poste était en grève, ma lettre n'est pas arrivée à temps, **cause**.

Exercice 91
à condition que (ou pourvu que) – à moins de – En admettant que – pour peu que – au cas où.

Exercice 92
à supposer qu'. – Quand bien même. – À supposer que (ou en admettant que). – Pour peu que (ou pourvu que).

Exercice 93
A condition que tu partes […] – Au cas où vous viendriez […] – Quand bien même je n'aurais rien à faire […] – Pour peu que tu fasses […]

Exercice 94
probable – peu probable – probable – peu probable.

Exercice 95
probable – peu probable – peu probable – probable.

Exercice 96
choisissons – commettraient – emmène – auras.

Exercice 97
(**1**) irréel du passé – (**2**) irréel du présent
(**3**) irréel du présent – (**4**) irréel du présent.

Exercice 98
(**1**) irréel du présent – (**2**) irréel du présent
(**3**) irréel du passé – (**4**) irréel du passé
(**5**) irréel du présent.

Exercice 99
(**1**) chantais. – (**2**) n'était pas – (**3**) avait été (était)
(**4**) existait (avait existé).

Exercice 100
(**1**) habitais – (**2**) j'avais su – (**3**) était – (**4**) avais été.

COORDINATION ÉDITORIALE : ALAIN-MICHEL MARTIN
MAQUETTE : ALAIN BERTHET

INDEX

Les chiffres renvoient aux numéros des leçons.

A
à cause de	2-19
à cause de cela	18
à condition que	2-29
à force de	20
à l'inverse	10
à l'inverse de	10
à la façon de	26
à la manière de	26
à la mode de	26
à moins que	29
à supposer que	29
addition	3-4-5-6-7
adverbes	2
afin que de	25
ainsi	15-18
ainsi que	26
alors que	12
assez [de]... pour que	17
au cas où	29
au contraire	2-10
au contraire de	10
au point que	2-16
aussi	4-7-18
aussi... que	27
avant tout	8
avoir beau	13

B
bien que	2-13-16
but	3-24-25

C
c'est-à-dire	2-9
c'est pourquoi	7-15-18
car	2-9
cause	3-9-19-20-21-23-28
cependant	10
certes	14
comme	26-28
comme si	26
comparaison	3-26-27-28

comparatif	27
concession	3-13-14
condition	3-29-30
conjonctions de coordination	2
conjonctions de subordination	2-16
conséquence	3-7-15-16-17-18-23-24

D

d'abord	2-8
d'ailleurs	5
d'autant plus que	4
d'autre part	1
d'où	15
d'une part	1
de ce fait	15
de crainte que de	24-25
de façon que	25
de la façon que	26
de la manière que	28
de même	4-7
de même que	4
de peur que de	24-25-26
de plus	4-8
de sorte que	25
de surcroît	4
de telle sorte que	2
dès lors	15
donc	2-7-11

E

également	4-7
en admettant que	29
en conséquence	15
en dépit de	10
en dernier lieu	8
en effet	1-2-9-22
en outre	4
en plus	4
en premier lieu	8
en raison de	19
en revanche	10
en second lieu	8
en vue de	24
enfin	2-8
ensuite	8

77

	et	1-2-4
	et même	6
	étant donné que	21-28
	excepté	2-10
	explication	3-5-9
F	faute de	20
G	grâce à	2-20
H	hypothèse	30-31
M	mais	1-2-10-11-14
	malgré	2-10
	meilleur que	27
	même	6
	même si	1
	mieux que	27
	mis à part	10
	moins… que	27
N	néanmoins	10
	ni	2
	notamment	9
O	opposition	3-5-10-11-12
	or	2-10-11
	ou	2
	ou bien	1
	outre que	4
P	par ailleurs	4-5-8
	par conséquent	2-15
	par contre	10
	par exemple	1-9
	par manque de	20
	par rapport à	26
	par suite de	19
	parce que	1-2-21-22-23
	pareil à	26
	pareillement	7
	peut-être	14
	pire que	27

plus... que		27
pour conclure		8
pour peu que		29
pour que		1-24-25
pourtant		1-2-10-14
pourvu que		29
premièrement		8
prépositions		2
progression		3-8
puis		8
puisque		1-2-21-28

Q
quand [bien même]		29
quoique		13

S
sans		2
sans doute		14
selon que		29
semblable à		26
si... que		16-23
si		29-30-31
si tant est que		29
sous l'effet de		19
sous prétexte que		21
suite à		19
superlatif		27
supposition		29-30
surtout		1-4

T
tandis que		2-12
tant... que		15
tant de... que		16
tel que		26
tellement... que		16
tout d'abord		8
toutefois		10
trop [de]... pour que		17

U
un tel... que		16

V
voire		6
vu que		21

Achevé d'imprimer en France par la Nouvelle Imprimerie Laballery
Dépôt légal : 71092-6/18 – octobre 2020 – N° d'impression : 009076

La Nouvelle Imprimerie Laballery est titulaire de la marque Imprim'Vert®